글 문이재

문이재(文以齋)는 '글의 집'이라는 뜻으로 '文以貫道(문이관도)'에서 나온 말이에요.
창작그룹 문이재는 시인과 소설가, 동화작가, 문학평론가가 모여
청소년의 독서와 글쓰기, 창의적 사고력 증진을 위한 각종 프로그램 개발에 힘쓰고 있어요.
또한 집단 창작과 강연, 출판 등을 통해 다양한 연구 성과를 교육에 적용하고 있어요.

본문에 반복해서 나오는 작은 천사들은 아테나의 지혜를 뜻하는 아기 수호천사와 사랑을 상징하는 아프로디테의 아들 에로스예요. 이 책에는 독자 여러분께 전하고 싶은 수호천사들의 지혜와 에로스의 사랑을 모두 합쳐 엄마 아빠의 마음을 듬뿍 담았어요. 이 세상에서 무지와 폭력을 몰아내려면 지혜와 사랑이 힘을 모아야 한다는 것을 우리는 너무나 잘 알고 있으니까요.

기원전 27년 로마를 새롭게 통일하고 팍스로마나를 선포한 아우구스투스 황제는 제우스의 독수리를 로마 제국의 문장으로 만들어 로마가 그리스 문명의 후계자임을 온 세계에 알렸습니다. 그리스 신화는 로마로 계승 발전되어 더욱 풍요로워졌고 마침내 서양은 그리스 로마 신화라는 헬레니즘 문명으로 정신적 통일을 이루었습니다.

명화로 보는 그리스 로마 신화
제우스 2

펴낸날 2020년 3월 20일
글 문이재
펴낸이 김은정   **펴낸곳** 봄이아트북스   **디자인** choidesignstudio
출판등록 제2019-000142호   **주소** 경기도 파주시 재두루미길 70 페레그린빌딩 308호
전화 070-8800-0156   **팩스** 031-935-0156
ISBN 979-11-90494-84-7 73900

©2020 BOMIARTBOOKS
• 잘못 만들어진 책은 구입처에서 교환해 드립니다.
• 다칠 우려가 있으니 책을 던지거나 떨어뜨리지 않도록 주의해 주십시오.

• 이 책에 나오는 이름, 지명, 명화 제목 등은 어린이들이 읽기 쉽게 가장 널리 알려진 용어로 그리스어, 로마어, 영어 등을 함께 사용하였습니다.

명화로 보는 그리스 로마 신화

제우스 2
Zeus

새로운 인류와 질서의 탄생

글 문이재

제우스 2
Zeus

제우스는 신들의 산 올림포스에서 세상을 다스렸어요.
타이탄과의 싸움에서 이긴 후 모든 것이 순조로웠지요.
사람들의 마음속에 사랑이 가득해 모두가 행복했답니다.
하지만 세월이 흐르면서 탐욕과 질투가 싹트기 시작했어요.
싸움과 무질서가 판을 치면서 세상을 마구 어지럽혔지요.
화가 난 제우스는 온 세상을 물바다로 만들었어요.
다만 제우스의 속마음을 일찌감치 눈치챈 프로메테우스가
아들 부부에게 배를 만들어 홍수에 대비하도록 했지요.
그래서 데우칼리온과 피라 부부만이 살아남아
새 인류의 조상이 되었답니다.

하인리히 퓌거가 그린 〈제우스〉 19세기

제우스가 지혜로운 어머니 레아 덕분에 목숨을 구한 뒤
아버지 몰래 산양 젖과 벌꿀을 먹으며 자랄 때는
사랑과 평화가 넘실대는 살기 좋은 세상이었어요.
권력을 지키기 위해 자식들을 삼켰던 크로노스는
모두가 행복하게 살 수 있도록 시간을 잘 다스렸답니다.

헤르만 슈타인푸르스가 그린 〈갓난아기 제우스와 크로노스의 황금시대〉 1846년

어른이 된 제우스가 아버지 크로노스를 물리치고
형제자매들의 목숨을 되살린 뒤,
거인족 타이탄과의 전쟁에서도 승리를 거두었어요.
제우스는 진정으로 평화로운 세상은
바로 지금부터 펼쳐질 것으로 생각했지요.
제우스는 정령들과 함께 독수리를 타고
자신이 다스리는 세상을 둘러보곤 했어요.
행복한 일상을 보내고 있는 사람들을 볼 때마다
입가에 흐뭇한 미소가 번졌지요.

라파엘로 산치오가 그린 〈에스겔의 초상〉 1519년

하늘과 땅이 모두 평화로운 어느 날,
제우스의 아내 헤라가 귀여운 딸 헤베를 낳았어요.
축하 인사를 올리는 올림포스 신들과 함께 포도주를 마시며
제우스는 그저 행복하기만 했지요.

이름 모를 화가가 그린 암스테르담 학교의 벽화 〈제우스와 헤라〉 1862년　　　자코포 주치가 그린 〈제우스〉 1592년 ▶

지로데 트리오종이 그린 〈대홍수〉 1806년

그런데 예기치 않았던 일이 벌어졌어요.
인간 세상이 조금씩 변하기 시작한 거예요.
사랑 대신 미움이, 이해 대신 시샘이 널리 퍼졌어요.
틈만 나면 싸움을 해대는 사람들의 모습에
제우스는 분노하지 않을 수 없었지요.
화가 난 제우스는 대홍수를 일으켜
세상을 물바다로 만들었어요.
대홍수로 세상이 물에 잠기면서
사람들이 목숨을 잃었어요.
제각각 살기 위해 몸부림을 쳤지만
끝내 물속에서 나오지 못했지요.

그런 상황 속에서도 살아남은 사람이 있었어요.
프로메테우스의 충고를 듣고 배를 준비해 두었던
데우칼리온과 피라 부부가 바로 그 주인공이었지요.

안드레아 델 밍가가 그린 〈데우칼리온과 피라〉 1572년

데우칼리온과 피라는 테미스 여신의 신전을 찾아갔어요.
살아남은 것에 대해 깊이 감사드린 후
세상을 사람들로 다시 채워 달라고 기도했지요.

이름 모를 화가가 그린 〈홍수가 끝난 뒤 데우칼리온과 피라〉

그러자 어머니의 뼈를
어깨 너머로 던지라는
신탁이 내려졌어요.
두 사람은 그 의미를 이해했지요.
대지의 여신 가이아의 뼈,
즉 돌을 뒤로 던지라는 것이었어요.
데우칼리온과 피라는
돌을 들어 던지기 시작했고,
그러자 인간들이 새롭게 생겨나
새로운 세상이 시작되었지요.

조반니 마리아 보탈라가 그린 〈데우칼리온과 피라〉 1635년

제우스는 인간을 용서하기로 했지만
의심까지 사라진 것은 아니었어요.
그래서 전령 헤르메스를 데리고
작은 시골 마을을 찾아갔지요.
초라한 모습으로 변장한 제우스와 헤르메스를
동네 사람들은 하나같이 함부로 대했어요.

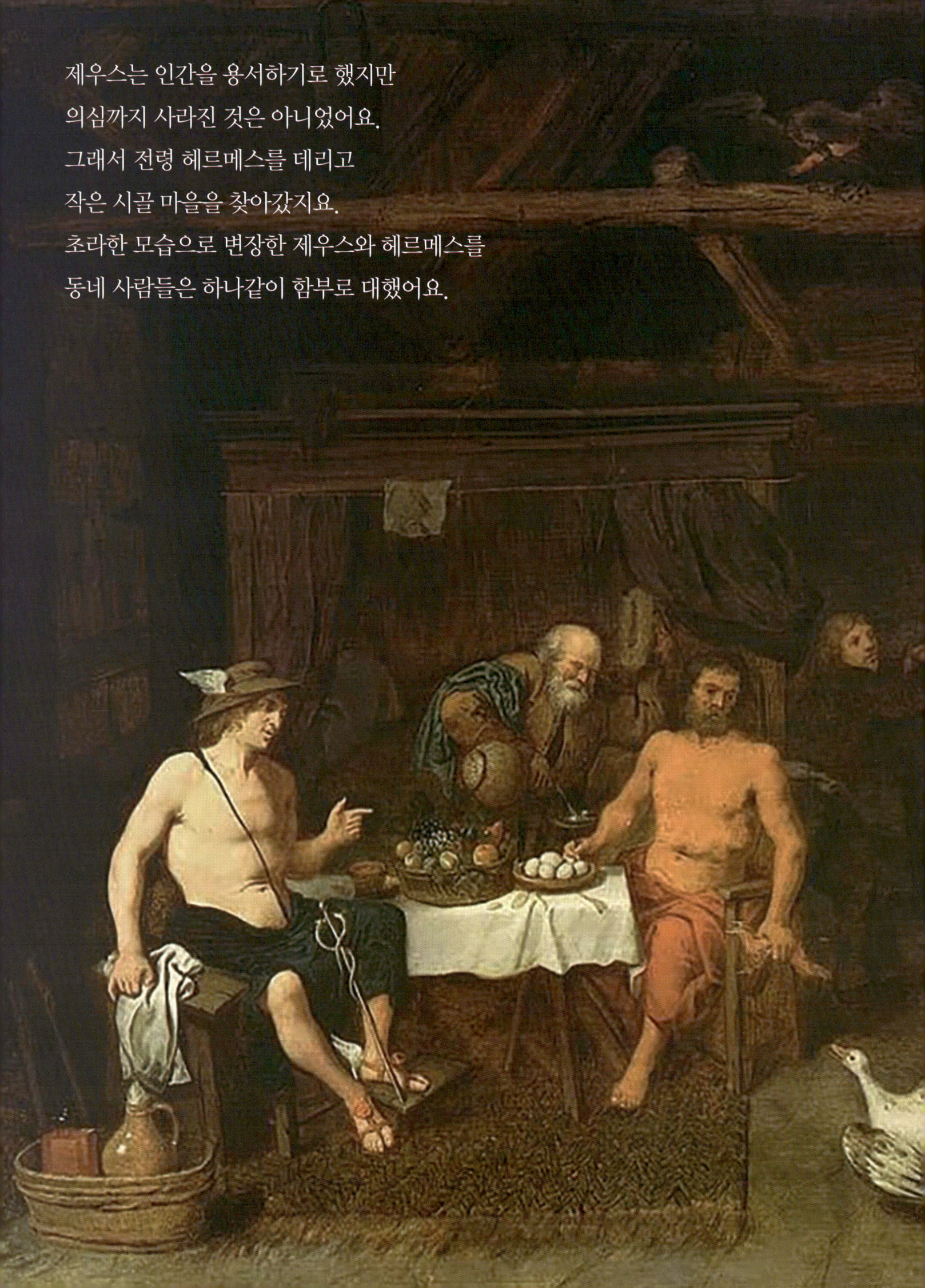

다만 착한 농부 필레몬과 그의 아내 바우키스는
두 사람을 불쌍히 여겨 정성껏 대접했지요.
제우스는 필레몬과 바우키스를 제외한
동네의 모든 사람을 개와 돼지로 만들어 버렸어요.
사람의 외모만 보고 함부로 평가했다가는
어떤 일을 당하게 되는지 확실하게 보여 준 거예요.

데이비드 리케르트가 그린 〈필레몬의 집을 방문한 제우스와 디오니소스〉 17세기

엘리후 베더가 그린 〈모이라이〉 1887년

인간 세상을 두루 살펴본 제우스는
인간들이 그들의 운명을 사랑하기를 바랐어요.
그래서 자신과 율법의 신 테미스 사이에서 태어난
클로토, 라케시스, 아트로포스라는 이름의
모이라이 세 자매에게
인간의 운명을 주관하도록 했지요.
큰딸 클로토는 운명의 실을 뽑아내 생명을 주었고,
둘째 딸 라케시스는 운명의 실을 짜 삶을 만들었으며,
막내딸 아트로포스는 운명의 실을 가위로 잘라
인간의 삶을 마감하게 했지요.

프란체스코 프리마티초가 그린 〈아폴론과 뮤즈〉 16세기

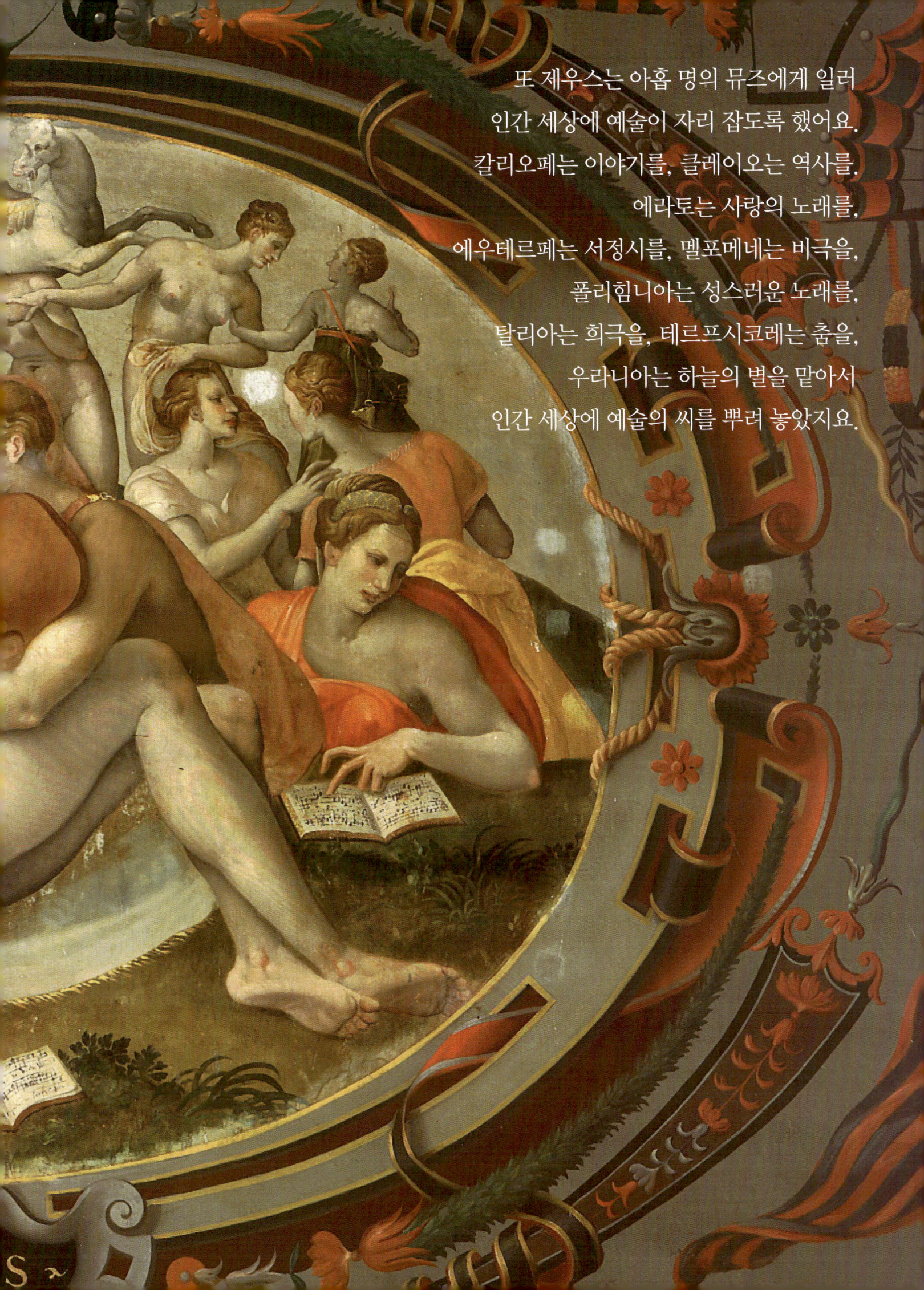

또 제우스는 아홉 명의 뮤즈에게 일러
인간 세상에 예술이 자리 잡도록 했어요.
칼리오페는 이야기를, 클레이오는 역사를.
에라토는 사랑의 노래를,
에우테르페는 서정시를, 멜포메네는 비극을,
폴리힘니아는 성스러운 노래를,
탈리아는 희극을, 테르프시코레는 춤을,
우라니아는 하늘의 별을 맡아서
인간 세상에 예술의 씨를 뿌려 놓았지요.

마틴 데 보스가 그린 〈에우로페를 납치하는 제우스〉 1590년

인간들의 세상이 안정되자
제우스는 황소로 변장한 뒤
페니키아 공주 에우로페를 유혹해
크레타섬으로 데려갔어요.

카를로 마라타가 그린 〈황소로 변장한 제우스와 에우로페〉 1685년

크레타섬에 도착한 제우스는 본래의 모습을 드러냈고,
에우로페 역시 마음을 열어 둘은 사랑하는 사이가 되었지요.

제우스는 새로운 땅을 만들어 그녀의 이름을 붙였는데,
그 땅이 오늘날의 유럽이랍니다.